RÉFUTATION CATHÉGORIQUE

DU

MÉMOIRE DE CARNOT,

ADRESSÉE A LUI-MÊME.

REFUTATION CATHÉGORIQUE

DU

MÉMOIRE DE CARNOT,

ADRESSÉE A LUI-MÊME.

A PARIS,

Chez les Marchands de Nouveautés.

Juillet 1815.

AVANT-PROPOS.

Je vous préviens que je ne suis point émigré, que je ne connais votre Mémoire que depuis deux mois environ ; encore m'a-t-on forcé de le lire.

Je ne puis vous en faire compliment ; car il m'a indigné et fort étonné de l'étalage que vous faites du mensonge le plus grossier, dont personne n'aura été la dupe, pas même vos complices, pour jeter vos torts sur la classe des émigrés, qui déja sont victimes de leur fidélité à leur souverain, de la bonté duquel vous avez abusé ; car vous n'auriez jamais osé hasarder un pareil mémoire sous le règne de Buonaparte.

Il ne peut avoir séduit que les gens qui lisent sans attention, et qui s'émerveillent de quelques phrases bien tournées.

RÉFUTATION CATHÉGORIQUE

DU MÉMOIRE DE CARNOT,

ADRESSÉE A LUI-MÊME.

Vous débutez par dire :

« L'état social, tel que nous le voyons, n'est,
à proprement parler, qu'une lutte continuelle
entre l'envie de dominer et le desir de se soustraire à la domination. »

L'état social dégénéré est effectivement la
lutte que vous citez ; mais l'état social, tel qu'il
était avant tous les désordres qu'y ont intro-
duits les prétendus philosophes et les demi-
savans, était guidé par un sentiment bien diffé-
rent, qui ne tendait qu'au bonheur commun,
et ne donnait à cette réunion d'hommes que
l'activité nécessaire pour parvenir aux sciences
utiles et salutaires à tous ; en un mot, c'était un
amour-propre raisonnable, et non ambitieux,

qui les animait et les faisait arriver , par des chemins connus et pratiqués , à une espèce de supériorité , et non de domination , sur ceux qui étaient restés en arrière dans les connaissances des arts et des sciences utiles. Cette émulation était un sentiment nécessaire et louable , inspiré sans cesse par nos parens qui en connaissaient l'efficacité ; c'était le ressort principal que vous avez forcé et vous y avez substitué des querelles populaires.

C'est ce grand ressort de l'état social qu'il fallait ménager ; il fallait en user et non en abuser : c'est ce ressort qui s'est brisé entre les mains des turbulens à qui on l'à livré ; c'était le moteur qui donnait l'activité à toutes les classes de la société , et les faisait concourir à la félicité générale par un amour-propre sage et modéré , qui les conduisait à leur tour à une espèce de domination après avoir été quelque tems dominé. Il faut savoir obéir avant d'apprendre à commander ; mais la foule populaire a crû savoir commander avant d'avoir su obéir , et est parvenue tout-à-coup à l'autorité suprême.

Quels sont ceux qui ont provoqué cette lutte, qui s'était maintenue muette jusqu'alors, que remplaçait la sage émulation , et qui l'ont mise en vigueur ?

Ne sont-ce pas ces prétendus docteurs, du nombre desquels vous avez voulu être, qui, plein de leur petit mérite, se sont crus supérieurs à leurs contemporains de toutes les classes, souverains, princes, ducs, nobles et autres, et n'ont pu supporter la domination d'une dynastie qui, depuis des siècles, gouvernait sagement et paisiblement, sans secousses, sans entraves et pour ainsi dire sans domination? Le pouvoir, les lois et la justice, tout était calculé et compensé. Ne sont-ce pas ces prétendans à la science qui, en flagornant un de nos princes, lui ont tourné la tête et en ont fait un fanatique effréné? Vous ne pouvez nier que ce sont eux qui, par de belles phrases séduisantes et perfides, ont brisé l'état social, anéanti son mouvement régulier, qui dépendait de ce grand ressort comprimé par plusieurs rouages que formaient la religion, les lois, le roi, le gouvernement et les mœurs : tout s'est trouvé anéanti à l'instant où ce ressort a été brisé, et remplacé par une cacophonie abominable.

Le moment est venu où les finances, altérées par quelque motif que ce soit, ont occasionné un déficit dans le revenu de l'état, qui s'est trouvé au-dessous de ses besoins ; et cela par la faute des ministres, et non par celle du roi qui, ne pouvant veiller à tout, était forcé de s'en rapporter à eux et de ne voir tout que par leurs yeux, comptant sur leur probité et leurs facultés. Envain imputez-vous ce déficit à ceux qui ont accompagné le roi; ce ne sont point eux qui ont profité de la dilapidation, s'il y en a eu, car vous n'êtes pas plus instruit que moi sur cet article; mais le fait est que les finances étaient au-dessous des besoins.

Qu'a fait le souverain à cette époque?

Il a appelé autour de lui les nobtables, pour les consulter sur les moyens à prendre pour remédier à cet inconvénient, sans fatiguer ni surcharger son peuple.

Qu'a-t'il obtenu?

Il n'a obtenu, comme vous le dites fort bien (et c'est peut-être la seule vérité de votre Mémoire), qu'un refus de son clergé, qu'une hésitation de sa noblesse et des réponses évasives de ses parlemens, qui, les premiers, se sont opposés au bien que l'on voulait opérer; car l'établissement de l'impôt du timbre et de l'impôt territorial, qui fut agité, aurait remédié à tout. Ils ont eu un bien grand tort de s'y opposer : ce serait plutôt à eux qu'aux émigrés qu'on pourrait attribuer la mort de notre malheureux souverain.

Le fameux Necker, l'homme aux petits moyens, qui avait fait tant d'emprunts et ne connaissait-pas d'autres opérations (c'est delà qu'est venu le déficit), s'avisa de se joindre aux parlemens pour proposer l'assemblée des états-généraux, qui fut acceptée, et ne produisit que des débats à l'infini, prépara la chute du trône et fut dissoute avec son impuissance.

Alors toutes les passions à qui l'on donna l'essort, tous les moyens de bouleversemens, tous les individus cherchant à se culbuter (ôte toi de là, que je m'y mette), ont travaillé à la destruction d'un gouvernement sage et paisible.

Qu'est-il arrivé ? que cette lutte qui fait la base de votre discours, vous a fourni les moyens (à force de vous remuer, de parler et de pousser) de parvenir, tout simple dominé que vous étiez, à vous asseoir au rang des dominateurs. Vous avez connu les deux situations; et comme elles sont bien différentes, il n'est pas étonnant que votre rancune se manifeste contre ceux qui ont travaillé à vous remettre à votre place. Dans tous ces débats, les hommes qui s'écrasaient les uns les autres avaient tout autant d'instinct que des écrevisses qui, dans un baquet, sans cesse en mouvement, sont tantôt dessus, tantôt dessous, en grimpant continuellement les unes sur les autres : ils leur ressemblaient parfaitement.

Que cherchaient-ils ? Les uns voulaient une république , les autres voulaient mettre la maison d'Orléans sur le trône , et abattre celle des Bourbons, sans raisons plausibles que la fantaisie, car certes il n'y avait rien à gagner ; les autres voulaient , que dirai-je , une licence effrénée qui a régné plus de quatre ou cinq ans , sans loi , sans religion, sans gouvernement que le caprice des dominateurs dont vous faisiez partie , et c'était au bon moment.

Le peuple , devenu roi , a formé , pendant cet intervalle , d'autres assemblées ; l'une , que l'on appelle la constituante , la seconde la législative , et la troisième enfin , la convention , formée , à un tiers près , de tout ce qu'il y avait de plus vil et de plus enragé , dont est émané le jugement du plus vertueux des monarques.

A quelles extrémités la France s'est-elle vue réduite à l'époque où les princes ont été obligés de partir , et quelque tems après tous les individus réduits à tomber sous le couteau les uns après les autres , jugés par des tribunaux de sacs et de cordes, qui s'égorgeaient même entre eux mutuellement et successivement , et n'ont subsisté que trop longtems malgré cette destruction outrée ! Chacun a cherché son salut dans la fuite ; ce qui a produit l'émigration, dont vous faites votre grand cheval de bataille.

C'est vous qui voulez donner des préceptes pour établir un gouvernement solide et sage ! *Il faudrait*, dites-vous, *pouvoir se dégager soi-même de toutes préventions ; il faudrait se transporter en idée dans les siècles à venir, et encore, dans ce cas, il faudrait pouvoir ignorer les résultats de l'histoire, et se défaire de la pente irrésistible que nous avons de juger les choses d'après les évènemens.*

Dites donc d'après nos interêts particuliers (c'est là le mot) ; le motif des évènemens vient après, mais en s'ajustant toujours avec nos intérêts, ainsi que vous le reconnaissez dans l'article subséquent, où vous dites : *nous crûmes avoir saisi le fantôme de la félicité nationale* (et infailliblement chacun l'avait saisi pour son propre compte en le voyant différemment sur chacune de ses faces).

Et vous dites ensuite : *vous succombez, hommes qui vouliez être libres ; et par conséquent tous les crimes vous seront imputés.*

Vous n'avez pas osé dire *hommes de bien,* parce que tout le monde aurait crié : vous en avez menti ! Les hommes de bien étaient contens de la liberté dont ils jouissaient, et ne cherchaient pas à tout culbuter pour dominer à leur tour, ainsi que vous l'avez fait, vous que l'on pouvait appeler alors, au lieu d'hommes de bien, insensés, perturbateurs qui avez un bandeau sur les yeux, et voulez pénétrer dans l'avenir pour le souiller de crimes.

Et, dites-vous après, *vous êtes des coupables auxquels on veut bien pardonner provisoirement, à condition que vous reprendrez vos premières chaînes, rendues plus pesantes par un orgueil humilié, trempé au nom du ciel dans l'esprit des vengeances.*

Comment pouvez-vous étaler une phrase pareille dans le moment où tout est pardonné ? Ne faudrait-il pas, pour que cela pût vous satisfaire, s'affubler de tous les assassins de Louis XVI pour rendre le pardon plus éclatant ?

On pardonne à un coupable, on fait des efforts pour oublier son crime ; mais on ne se met pas à la merci de sa conscience, sur-tout quand elle est aussi bien connue : c'en est bien assez d'oublier son crime.

Le feriez vous, vous qui prêchez une si belle morale (mais c'est toujours pour les autres, comme dit le grand cousin)? Recevriez-vous dans votre famille, dans votre intimité, seulement dans les premières charges de votre maison, l'assassin de votre frère, à moins que vous ne fussiez un Caïn ou un Dautun, le Caïn moderne?

Et vous osez accuser les émigrés de vos fautes personnelles! Que serait-il arrivé de la non-émigration? que de tous les émigrés, il n'en serait pas resté un demi-quart, à votre grande satisfaction; que tous les Bourbons, tous les princes et tous leurs adhérens auraient péri, et que nous aurions à notre tour été engloutis sous les décombres de Paris à l'arrivée des alliés si long-tems irrités contre nous par le chef qui nous gouvernait, si les Bourbons n'eussent pas existés, et si le duc de Raguse n'eût pas fait son devoir.

Qui trahit un méchant n'est pas reputé traître,
Mais un sauveur chéri qui fait un coup de maître.

C'est aux Bourbons que nous devons notre salut : nous les avons bien accueillis; mais leur seule existence et leur droit nous avaient sauvés : c'est un concours de circonstances qui nous promettait de plus longues jouissances.

Ne vous y trompez pas, toutes vos belles phrases, tous vos sophismes annoncent que vous avez de l'esprit et n'en êtes que plus coupable, mais pas le sens commun, mon cher docteur; toutes vos raisons ne font qu'aggraver vos fautes au lieu de les voiler. Votre tribunal n'était pas beaucoup plus valide, ni plus respectable que ceux dont j'ai déja parlé ; *et ce tribunal, dites-vous, peut s'être trompé, mais il n'a fait que comme les autres qui se trompent, il ne doit compte de son jugement à personne* (1).

Quelle arrogance et quelle extravagance en même tems ! C'est une singulière phrase sortie de la plume d'un homme qui crie contre le despotisme ; c'est-à-dire, qu'à l'abri de ce raisonnement, un tribunal quelconque peut commettre toutes les injustices et toutes les horreurs qui lui conviendront , sans que personne puisse le blâmer ni lui reprocher son impéritie.

Vous même, vous, le détracteur du despotisme, comment trouvez-vous celui-là ? il en vaut bien un autre, j'espère ! Quelle contradiction dans votre langage ! et que trouverez-vous de plus despote que ce tribunal qui ne doit compte à personne de ses bévues ni de ses sottises ? N'est-ce pas le comble de la démence de parler ainsi, sur-tout quand il est question du jugement de votre souverain, le plus honnête homme de son royaume ?

En vain cherchez-vous à donner une espèce de légitimité à votre erreur grossière ; dites plutôt avec le pécheur : j'ai fait un crime dont je me repens bien sincèrement. Le repentir est beau quand il est sincère ; imposez silence à votre amour-propre, qui vous empêche de convenir des reproches que vous fait votre conscience ; car, s'il en était autrement, que votre conscience ne vous reproche pas cet oubli de vous-même, vous seriez un monstre à retirer de la société ; dites plutôt : je donnerais ma vie pour n'avoir pas trempé dans un pareil attentat, et de m'être assimilé à des Thuriot, des Merlin, des Thibodau, etc., à un Grégoire, le plus fameux de tous les tartuffes, disant la messe tous les jours ; il fournirait bien matière et de bonnes leçons à un autre Molière pour en faire un second qui ferait oublier le premier. Il a craint de n'être pas compris parmi les juifs qui ont crucifié Dieu, car il était absent et pouvoit s'en exempter ; mais son zèle judaïque lui a fait envoyer son vote par écrit, et son vote doit encore se trouver dans les infâmes papiers de cette horrible assemblée.

Les voilà ces assassins, les voilà ces régicides, les voilà ces filoux qui, pour détourner les soupçons de leur personne, crient au voleur plus haut que les autres pendant qu'ils cherchent à se perdre dans la foule.

Quoi, ceux qui ont fui pour n'être pas témoins de tant d'horreurs, et qui, cependant, ne pouvaient présumer l'horrible attentat contre Louis XVI, pour n'y être pas eux-mêmes compris et tomber sous le couteau, sont, dites-vous, *les assassins, les régicides; ce sont eux qui ont pris les armes contre leur mère patrie!*

Dites donc contre les scélérats qui ont assassiné leur mère patrie; qu'ils regardent derrière eux la suite de leurs prétentions! Que de morts, que de spectres ils doivent avoir jour et nuit devant les yeux, qui viennent leur reprocher leur conduite qui est cause de leur mort prématurée! *Les autres, dites-vous, ont voté comme juges constitués par la nation et qui ne doivent compte de leur jugement à personne; s'ils se sont trompés, ils sont dans le même cas que les autres juges qui se trompent, et ils se sont trompés avec la nation entière qui a provoqué leur jugement, qui y a ensuite adhéré par des milliers d'adresses venues des communes.*

Ajoutez-donc encore cette imposture à tant d'autres; dites-donc des milliers de reproches, de larmes et de sanglots venus des communes dont vous aviez peur, puisque vous avez toujours rejeté l'appel au peuple, qui avait été proposé par un grand nombre de vos collègues. Il vous restait ce moyen de le sauver, il était en votre puissance; mais vous l'avez toujours éloigné, dans la crainte de vous voir enlever votre proie, et vous avez encore l'audace de dire :

Était-ce aux républicains de défendre avec des paroles, celui que vous n'avez pas su dé-fendre avec votre épée ?

Mais vous ne l'avez non plus condamné qu'avec des paroles et sans raison : vous pou-viez aussi bien en employer, non pour le jus-tifier, il n'en avait pas besoin , il n'était pas coupable ; mais pour le tirer des mains de ses bourreaux : cela vous était si facile ; il n'y avait que des vérités à énoncer, pour le sauver, tan-dis que pour le faire périr, vous avez été obligés d'employer le mensonge et de fabriquer des délits : l'un était bien plus aisé que l'autre ; mais c'est que vous étiez tous des loups enra-gés contre un agneau sans tache. Il faut être bien effronté pour oser hasarder une phrase de cette nature et aussi impertinente , après avoir eu en sa possession les moyens de tirer ce digne monarque des mains de ses assassins , et ajouter à vos adversaires :

Vous exigez des autres une vertu plus qu'hu-maine, tandis que vous donnez l'exemple de la désertion et de la félonie.

Cette phrase est d'un ridicule qui aba-sourdit.

Une vertu plus qu'humaine , qui naturelle-ment était dans vos mains ; cette vertu , plus qu'humaine, dont vous pouviez user sans effort ; mais il paraît que tout ce qui ne vous convient pas est d'une difficulté au-dessus de l'essence humaine. N'avez-vous pas de honte de parler ainsi dans une circonstance où vous pouviez tout, et où vous auriez dû forcer nature, si cela eût été nécessaire ?

Quel abus l'on fait des mots et des phrases, lorsqu'on a poussé ses études jusqu'en philosophie, où l'on apprend à soutenir les deux contraires avec la même chaleur, et quelquefois victorieusement des deux côtés (c'était la grande science de Mirabeau); mais ce n'est qu'avec des paroles qui volent, et non avec des écrits sur lesquels on réfléchit : les vôtres le sont bien peu réfléchis; ils ne trouveront que très-peu de complice, et encore parmi qu'elle espèce de gens !

La science qui devrait nous plaire, dégoûte au contraire de la société de l'espèce humaine, qui en fait un si mauvais usage. Si l'on connaissait un peuple neuf et débonnaire, on irait volontiers jouir de la sienne de préférence à celle des savans pervers et méchans; et je crois qu'ils le sont presque tous. Il semble que la science ne serve en France qu'à exercer une espèce de tyrannie envers ses compatriotes : si ce n'est une tyrannie, c'est du moins une domination; les réputés savans ont un air et une tournure qui dit impérativement : écoutez-moi, et vous n'oserez parler. C'est bien le cas de dire ; ah ! que les gens d'esprit sont bêtes ; c'est une sentence qui est devenue proverbiale. Il est vrai que l'on voit des gens qui ont la réputation d'hommes d'esprit, qui sont même auteurs courus et prônés, qui font des balourdises que ne ferait pas un homme qui sortirait des bois.

Ils se sont trompés, dites-vous, *avec toutes les nations de l'Europe*, *avec qui ils ont traité.*

Et ce sont ces nations avec qui ils ont traité, qui sont venues nous aider à mettre bas cet ambitieux qui dévorait la population et toutes les ressources du royaume.

Et c'est à la suite des bagages, dites-vous insolemment, *que ceux qui ont fui sont revenus triomphans.*

Au lieu d'admettre tout simplement, à la suite du roi, comme cela était de fait ; car le roi n'avait à sa suite, ni armée, ni émigrés, ni bagages ; il n'a amené avec lui qu'une partie de sa famille, son indulgence et son dévouement à son peuple. Vous voyez qu'à chaque instant et chaque phrase aggrave votre faute, au lieu de l'effacer ; et vous y persistez d'une manière non équivoque, et même l'on pourrait, dire , insolente.

Mais vous , dites-vous encore, *qui venez après la tempête, comment vous justifierez-vous d'avoir impitoyablement refusé votre aide à ce roi que vous affectez de plaindre?*

Que vous affectez de plaindre ! Quel langage impertinent de la part de ceux qui ont arrêté les armes de nos associés, en les menaçant de faire mourir le roi, s'ils avançaient davantage ; et y avez ajoutez de l'argent , que vous avez envoyé à je ne sais quel général , pour qu'il se retire au moment où l'armée de Condé, de concert avec lui, marchait pour sa défense ! Peut-on insulter aussi grièvement cette armée , commandée par un héros qui a toujours été contre-carré dans ses projets salutaires ? Oui, ce prince, à lui seul , en serait venu à bout, si les alliés avaient voulu le laisser agir dans maintes circonstances qu'ils ne voyaient pas du même œil que lui. C'était l'armée la mieux composée et la plus brave; mais malheureusement , elle a toujours eu les mains liées, et les Suisses même lui ont refusé le passage (2).

Je vous l'ai déja dit, je ne suis point compris dans la classe des émigrés, quoique j'aie été voir S. A. M⁵ʳ. le prince de Condé; je ne suis que comme vous , chevalier de St.-Louis , et selon toute apparence , votre aîné , car je le suis de 1783; ainsi vous voyez, que je n'ai d'autre intérêt à plaider cette cause , que mon amour naturel pour celui qui me l'a donnée cette croix , dont tout le monde s'honorait autrefois ; et vous-même l'avez portée avec ostentation cette croix, et c'était pour condamner à mort celui qui vous l'avait donnée , sous le serment solennel par vous prononcé , de lui rester fidèle à la vie et à la mort. Quelle chûte , quant à l'honneur ! quelle fausse gloire , quant au succès qui ne donne pas toujours la couleur que vous voudriez donner à votre forfait ! Il ne peut changer de couleur à quelque instant qu'on le prenne, et l'on ne pourra jamais vous appeler tantôt Claude et tantôt Marc-Aurèle ; vous serez toujours un régicide , sous quelque jour, sous quelque verre que l'on vous mette.

Cessez donc d'insulter une classe malheureuse qui a toujours été dans l'impuissance de sauver son roi : elle ne forme aucun vœu contre vous ; elle n'a pas même répondu à toutes vos déclamations fausses, elle ne cherche point à faire de vous une victime ; c'est vous-même qui vous condamnez par vos phrases arrogantes avec lesquelles vous croyez toujours effacer le coupable ; vous ne le rendez que plus odieux.

Croyez-moi, c'est un amour-propre mal placé ; avouez-vous coupable, et vous vous rapprocherez des honnêtes gens ; montrez un repentir sincère, et l'on vous absoudra, l'on pourra alors employer vos moyens dans quelques places marquantes ; mais ne croyez pas que dans aucun cas, avec le langage le plus beau et le plus doré, vous puissiez jamais effacer le moindre trait de votre erreur, nom qu'alors ou pourra lui donner.

Catilina eût été le bienfaiteur de Rome, dites-vous, s'il avait pu former un empire. Il vous a servi de modèle, sans doute ; mais ce succès n'eût pas empêché ni effacé le mal qu'il avait fait. Vous voulez toujours nous présenter les forfaits sous leur bon côté, et taisez tout ce qu'ils ont d'odieux ; toutes ces manœuvres ne vous blanchiront pas, il n'y a que le repentir ; vous n'avez pas d'autre refuge ; il y a une sentence qui dit : celui qui se répent, est plus éloigné du crime, que celui qui ne l'a jamais commis : profitez-en.

Dans quel chapitre avez-vous vu que les princes tenaient à l'honneur de s'allier à Buonaparte ? Comment peut-on hazarder de pareilles impostures, tandis que tous ont refusé unanimement son alliance ? L'empereur d'Allemagne lui-même, qui a été contraint de faire

un sacrifice pour conserver la patrie de ses ancêtres, et non pour s'allier à Buonaparte, s'il y
tenait à honneur, lui aurait rendu sa femme,
ou plutôt sa compagne, au lieu de la retenir.

Vous allez fouiller dans toutes les biblio-
thèques pour y trouver de quoi appuyer votre
erreur, *et vous avez trouvé*, dites-vous, *des
préceptes conformes à votre action, dans la
doctrine de nos écoles et dans les livres saints.*
Vous voulez justifier une erreur par d'autres
erreurs; toutes ces citations ne peuvent rien
prouver pour vous, sinon, que vous êtes un
coupable de plus à joindre à ceux que vous
citez.

Que signifie ce passage sur la haine ou l'a-
mour du peuple? C'est sans doute pour placer
un raisonnement juste à côté ou à la suite
d'un sophisme, pour le dorer et le faire passer; mais quel rapport a ce raisonnement avec
la situation de notre malheureux monarque?
Était-ce un tyran? était-il en haine? Il était au
contraire adoré au moment où il a voulu réparer la mauvaise situation de nos finances,
adoré même au moment où vous l'avez mis à
mort. Vous cherchez à chaque page à effacer
ou à autoriser votre faute, et vous ne faites
que la rendre plus grave; vos citations tombent
toutes sur des fautes anciennes, que vous

désapprouvez vous-même ; à quoi servent-elles donc ? Est-ce pour nous dire que de tout tems les hommes ont été inconséquens, pervers et méchans ? nous le savons tous comme vous, et vous nous confirmez dans cette opinion ; mais tout ce que vous citez ne diminue en rien leurs fautes ni les vôtres, et prouve seulement qu'ils trouvent, ainsi que vous, des complices et non des justifications qui ne se trouvent pas non plus dans les livres, ainsi que vous le prétendez. Cette prétention est ridicule, elle est contre le bon sens et la raison.

Que diriez-vous à un homme qui, en votre présence, en ferait mourir un autre sans motif ni prétexte ? Vous lui reprocheriez sans doute son crime ; et s'il vous répondait : un tel a bien tué un tel, et l'on n'a pas sévi contre lui. Mais vous êtes un imbécille, lui diriez-vous ; cela vous autorise-t il à en tuer un autre ? Et ne savez-vous pas bien que la première loi de la nature est de ne faire à autrui que ce que nous voudrions qui nous fût fait ? et s'il n'a pas été puni, celui que vous me citez, c'est qu'il a décampé, sans doute.

Citer toujours des rois despotes et tyrans pour autoriser votre crime, c'est radoter ; il est d'autant plus grand votre crime, que les attributs de nos rois, leur privilége dans le cas d'une infraction aux lois par quelqu'un de leurs sujets, étaient de faire grâce quand la loi avait condamné. Comment pouvez-vous l'accuser de tyrannie, lorsqu'il ne s'est réservé que le droit de faire grâce, et que Louis XVI en mourant, a pardonné et recommandé à sa famille, de pardonner à ses bourreaux ; mais si l'on peut pousser la magnanimité jusqu'à pardonner un crime passé, énorme, vous conviendrez qu'il ne serait ni juste, ni prudent, de placer un des auteurs de ce crime dans la position d'en commettre d'autres.

A quoi servent donc toutes ces citations et ces questions sur les tyrans et les despotes? Louis XVI l'était-il? Ce sont des verbiages inutiles dans votre mémoire, et toujours amenés par la persuasion où vous êtes que ces sottes comparaisons autorisent votre phrénésie comme juges.... Quels juges.... grands Dieux !... Quels juges ! qu'on aurait bien dû saluer avec votre terminaison de phrase (*ultima ratio regum*). qui aurait terminé tout les débats de cette séquelle, qui ne veut pas être coupable, et que vous voudriez disculper avec toutes vos impostures : il y en a tant dans votre ouvrage, que je renonce à les réfuser toutes , d'autant qu'elles se contredisent elles-mêmes.

Ensuite vous prétendez vous défendre, quand

vous attaquez. Sont-ce les Espagnols, dont on a escroqué le souverain, qui sont venus vous attaquer? les Portugais, que nous avons été chercher et ravager, qui ne songeaient sûrement pas à nous? les Russes, que le fanatique a été chercher, et qu'il a aveuglément poursuivi jusqu'à Moscou qu'il a réduit en cendres, et qui, pour satisfaire son caractère féroce qui ne peut et ne pourra jamais changer, malgré toutes vos leçons, s'en est revenu avec son impuissance, réduisant en cendres tout ce qui s'est trouvé sur son passage, sans s'inquiéter des malheureux qu'il avait abandonnés et qui le suivaient, dénués de tout, mourant de faim et de froid, et n'aspirant qu'après un lieu où ils pussent se reposer un instant, s'y réchauffer et y trouver quelque chose à manger; il les a frustrés de toutes ressources, et les a assassinés par cette incendie générale, en reconnaissance de ce qu'ils avaient si bien secondé toutes ces fantaisies monstrueuses. Ce sont là, sans doute, les exploits dont vous voulez parler; il ne vous reste plus qu'à sanctifier la révolution où vous avez trouvé tant d'héroïsme, et c'est un acte pieux, selon vous, et nécessaire au bonheur des Français, dites plutôt des brigands qui n'ont d'autres systêmes que de se placer au-dessus de leur sphère par la force et le brigandage, ne pouvant y parvenir par des voies plus légitimes.

Vous appelez la campagne de Moscou la partie d'honneur ; c'était la partie des honneurs manquée , qui est devenue celle du déshonneur. L'armée n'était pas seulement au milieu de sa carrière ; Napoléon l'eût menée en Chine , s'il n'eût échoué à moitié chemin : c'eût été alors, s'il en fût revenu , non, un homme plein de gloire , mais ivre , bouffi et hydropique de gloire. L'on peut bien appeler cela la gloire des tigres et des vampires.

C'est ici le cas de citer une des causes principales de nos malheurs selon vous , qui aimez à faire des phrases dans lesquelles, cependant, il y a quelques vérités. C'est , dites-vous , une simple équivoque, un abus de mots au défaut de la distinction qui existe entre l'honneur et les honneurs.

Qui est-ce qui ne l'a pas faite cette distinction ? Vous êtes peut-être le seul qui y trouviez de l'analogie ; elle n'a jamais existé cette équivoque, que dans votre ouvrage ; vous voulez vous donner un air sentencieux et puriste.

Par exemple, vous qui distinguez si bien l'un des autres, et qui êtes l'apologiste des vertus qui donnent l'honneur dont vous paraissez ne pas faire grand cas, je m'aperçois que c'est la probité dont vous parlez le moins ; c'est elle cependant qui donne l'honneur, et je ne vous crois pas capable de lui donner la préférence sur la moindre place, même équivoque, qui augmenterait votre fortune de quelques mille livres de rente, ne fût-ce que de deux mille. Votre ambition et votre goût pour les honneurs *dont on se dépouille en ôtant son habit*, qui ne sont pas l'honneur et la fortune, qui souvent demande des tours d'adresse pour l'acquérir : tous deux vous ont fait faire trop d'écarts pour en douter; ces honneurs, cet argent qui les a plus recherchés que vous? Vous ne disiez pas alors : *on s'en dépouille en quittant son habit;* vous en avez changé plus d'une fois, d'habit, selon le rôle que vous vouliez jouer, et ne refusiez pas les titres d'honneurs qui se présentaient, à l'époque du désordre, à tout venant, pourvu qu'il sût parler haut et soutenir avec assurance des systêmes à qui l'on pût donner seulement un air de vérité et qui séduisît les gobes-mouches de ce tems fatal et malheureux.

Vous ne songiez guère à rechercher l'honneur que dans les autres (comme dit le grand cousin); il ne vous a jamais rien fait faire qui eût des rapports avec lui, cet honneur, parce que cela ne produit rien qu'une légère approbation de la part de ses voisins, mais ne conduisait pas sur les marches du trône où vous avez monté, vous cinquième, à force de phrases et de discours erronés.

Vous qui faites tant de citations, qui avez tout vu, tout lu, tout connu, ainsi que votre ci-devant collègue Grégoire, citez-nous, je vous prie, une circonstance dans votre conduite où l'honneur (je ne dis pas les honneurs ; point d'équivoque, s'il vous plaît) vous ait dirigé, seulement depuis 89 jusqu'à cet instant : cela vous sera difficile, je crois. Ce ne sera pas lorsque vous étiez en équilibre sur un coin du trône que vous avez partagé avec Robespierre et ses consorts, que vous adhériez à ses jugemens et les signiez au lieu de vous y opposer ; c'est là où vous avez fait votre apprentissage, et vous en avez bien profité. Ce ne sera pas non plus quand, après sa chute, vous avez continué vos horribles manœuvres comme cinquième de roi, et que vous avez émigré vous-même au 18 fructidor, après vous être caché dans les catatombes (3). Pourquoi vous en alliez-vous, diront les émigrés à leur tour, et à bien plus juste titre ? Que ne vous êtes-vous opposé au mal que l'on a voulu faire, soit avec votre épée, soit avec des paroles, soit avec des écrits ? Vous étiez un champion au poil et à la plume, militaire, orateur, et auteur à qui rien ne doit résister ; et après votre désertion et votre félonie, vous êtes revenu à la fin de la tempête quand il n'y avait plus à craindre, je ne dirai pas, comme vous le dites insolemment aux émigrés , à la suite des bagages, parce qu'il y en avait sûrement moins à votre rentrée qu'à celle du Roi , vous êtes rentré à la suite des vôtres comme ces malheureux émigrés, qui en ont fait autant les uns après les autres, et dont vous n'êtes pas content d'avoir pris les fortunes et de les avoir réduits à la misère; vous voulez encore les charger de vos infamies. Quel tems, enfin, prendrez-vous de votre existence (car je n'en démords pas), dans cet intervalle de 89 jusqu'à présent, pour satisfaire à ma question ? J'aurais un bien grand plaisir à vous entendre citer une seule occasion où la probité eût dirigé votre conduite, d'autant plus que vous refusez contamment la seule à ma connaissance qui se présente de si bonne grâce, et vous eût fait tant d'honneur, qui est de vous avouer coupable et sincèrement repentant; voilà un acte de probité qui donne l'honneur. Que ne faites-vous cet acte digne d'un homme de bien qui a mal vu et qui a été séduit par les circonstances ? Il faut que vous ne puissiez pas l'être homme de bien !

Le retour des lys, dites-vous, n'a pas produit l'effet que l'on en attendait ; la fusion des partis ne s'est point opérée.

L'extinction de tous les partis n'éteindra jamais

vos fonctions de juges dont vous voudriez vous honorer, et qui vous avilissent d'autant plus que vous les étayez d'une quantité de sophismes qui ne sont que nouvelles sottises.

Mais, monsieur le raisonneur, qui voulez la fusion des partis, pourquoi ne la faites-vous pas vous-même quand vous agitez la question de la représentation nationale? lorsqu'il s'agit d'y porter, pour la salubrité de sa composition, plusieurs individus que vous désignez, pourquoi n'y portez-vous que *les citoyens bien connus par leur antique probité, des pères de famille, des acquéreurs de biens nationaux,* etc. , et vous en tenez là, et n'y ajoutez-vous pas des émigrés? pourquoi ne les y comprenez-vous pas? C'était là le moyen d'opérer cette fusion dont vous parlez. Mais vous avez craint, peut-être, que l'émigré ne voulût pas souffrir son voisin (ainsi que le testateur de Molière qui recommande sur-tout qu'on ne le place pas au cimetière auprès de quelqu'huissiers, etc.), et qu'il s'élevât une querelle nouvelle..... Non, non, soyez tranquille; je vous en réponds, les émigrés sont plus raisonnables que les acquéreurs de biens nationaux; ne craignez rien : les malheureux pour l'ordinaire ne sont pas méchans. C'était le moyen en les accolant, de faire oublier le passé et d'opérer la réconciliation. Mais non, non, vous voulez soutenir votre opinion monstrueuse jusqu'au dernier moment, même jusqu'à celui où le roi oublie tous les torts. La raison n'a plus d'empire sur vous depuis que vous vous êtes amusé à déraisonner.

Croient - ils nous ramener à l'époque de 89, dites-vous, *comme si la raison pouvait rétrograder ?*

Pour un homme qui se pique de raisonner, vous paraissez avoir une singulière idée de la raison.

Non, sans doute, la raison qui n'est autre chose que la faculté de bien percevoir les choses présentes, ne peut avancer n'y rétrograder; le passé, même l'avenir lui sont soumis pour en tirer les inductions nécessaires à la conduite des choses et des personnes.

Ce que vous appelez marche rétrograde dans la raison ne peut être interprété dans votre sens que comme desir de ramener les choses et les personnes à des institutions soi-disant usées.

Mais sur quels fondemens, sur quels prétextes même calomniez-vous ainsi les institutions d'un prince à qui vous n'avez pas laissé le tems d'établir et de faire le bien que son cœur méditait?

Est-ce dans l'espace de dix mois qu'il pouvait cicatriser les plaies que vous et vos pareils

se sont plu à envenimer pendant vingt-cinq
ans.

Mais je raisonne contre un sophiste versé
dans l'idéologie ténébreuse de nos adeptes
modernes, et je m'empresse de revenir à ce
qu'il y a de plus clair dans votre verbiage.

Nous n'avons plus à ce moment le choix que
sur deux gouvernemens : celui de la raison et
celui des raisonneurs; celui de la raison est
celui de Louis XVIII, celui des raisonneurs
est celui des jacobins, des républicains, des
patriotes, des Buonapartistes : encore ce dernier
est-il le meilleur des quatre derniers.

*Espèrent-ils nous faire proclamer que toute
la révolution n'est qu'un amas de forfaits,
lorsqu'elle n'en offre d'autres que ceux dont
ils sont la cause première? Ce sont toujours
les défenseurs du sol qui forment le corps impérissable de la nation.*

« Maxime sanguinaire, destructive de tout prin-
cipe, de tout ordre et de tout gouvernement ;
préceptes révolutionnaires appliqués tantôt au
peuple, ou plutôt à la populace, tantôt à la
force armée, selon qu'on en a besoin pour
exciter une insurrection ou renverser un gouvernement.

Et quoi! la troupe, armée pour défendre les

citoyens contre les aggressions étrangères, formera, selon vous, le corps impérissable de la nation! Celui qui porte la baïonnette pourra délibérer sur l'usage qu'il en doit faire! Voilà bien vos principes, messieurs les révolutionnaires, et ce langage est une suite de votre entêtement, puisque vous dites que ce sont les émigrés qui ont fait périr le roi ; et vos défenseurs du sol n'ayant rien à défendre, ont été porter le feu et la flamme partout où leur chef sanguinaire les a conduits ; car ces défenseurs du sol ne doivent point avoir de volonté ; leurs seules vertus sont l'obéissance et la bravoure dont leur chef a abusé, et ils ont bien soutenu leur caractère martial ; et c'est sans doute à propos du débordement et de l'abus de leurs armes dont ils n'étaient pas maîtres, que vous, comme défenseurs du sol avec des paroles, parlez, en vaillant capitaine, de lauriers, comme si vous en aviez ceuilli des lauriers quelqu'autre part.

Qu'avez-vous donc fait, M. Carnot, pour vous affubler de lauriers, si ce n'est des raisonnemens à perte de vue, faux ou vrais, amalgamés les uns avec les autres, afin qu'on ne pût les distinguer ? Vous avez fait la guerre dans votre cabinet, étant républicain, ministre de la guerre, ainsi que sous Buonaparte ; vous avez fait le vaillant à Anvers où personne ne vous a attaqué, et où vous prétendiez vous maintenir contre toute la terre encore un an.

Avec vingt-cinq mille hommes, en trois mois, je vous en aurais débusqué, moi qui ne suis point un ingénieur militaire. Est-ce avec vos projectiles que vous comptiez vous défendre ? Mais laissons cet article, et ne faisons pas une lutte particulière d'une lutte générale et facile à soutenir ; car il n'y a que des raisonnemens vagues à y opposer, mais pas une seule raison plausible, bien sûrement.

Ce ne sont pas toujours ceux qui ont travaillé dans le génie qui sont des hommes de génie ; mais ceux qui ont du génie naturel, réfléchissant sur certains objets qui les frappent plus particulièrement, c'est de leur part que l'on voit sortir des inventions.

Il ne faut pas laisser en arrière votre citation de Cromwel, qui est encore une sottise qui ne peut pallier la vôtre, car il n'est cité partout que comme un monstre ; et c'est bien le modèle de Napoléon qui, comme lui, ne couche pas deux nuits dans le même lit.

Et vous dites encore : *Quand on a chassé quelqu'un d'une place que l'on vient occuper on prend l'engagement de faire mieux que lui.*

Il ne sera pas difficile de faire mieux que

Buonaparte, qui veut nous gouverner malgré
nous et toutes les puissances de l'Europe; toutes
ses connaissances en ce genre-là se bornent
à la destruction de l'espèce humaine pour satisfaire ses fantaisies; il coûte à la France plus de
cinq millions d'hommes.

*Consultez l'histoire, ajoutez-vous, vous n'y
trouverez que l'éternel abus du pouvoir; les
peuples n'y figurent que comme les instrumens
et les victimes de l'ambition de leurs chefs ;
on n'y voit que des princes qui font combattre
leurs sujets pour leur propre intérêt privé.*

Comme a fait Napoléon , par fantaisie , et
comme il veut faire encore pour reprendre le
cours de son règne qu'il avait été forcé d'abandonner ainsi que d'abdiquer sa couronne et son
titre d'empereur ; il a voulu le reprendre malgré
toute espèce de considération pour tout homme
qui raisonne et qui pense ; il a voulu sacrifier
une nation entière au ressentiment général de
toute l'Europe, qu'il s'est mise à dos, et qu'il a
irritée au point qu'elle veut le détruire ainsi
qu'Hercule a détruit l'hydre du marais de Lerne
qui était comme lui un fléau pour l'espèce
humaine; ou tout au moins les alliés veulent-ils
le frustrer de ses prétentions outrées.

*Des rois qui sont eux-mêmes des régicides
et des parricides , des prêtres qui excitent au*

carnage et qui dressent des bûchers : de tems à autre seulement on remarque les généreux efforts de quelques hommes intrépides qui se dévouent pour délivrer leurs compatriotes de l'oppression.

Vous avez un furieux desir de vous assimiler à la partie saine des personnages que vous citez ; vous voudriez bien qu'on ajoutât à cette dernière phrase, ainsi qu'a fait Carnot ; et je suis persuadé que vous présumiez que plusieurs l'ont dit ou pensé. Vous êtes pétri d'amour-propre, mais d'un amour-propre un peu outré ; c'est grand dommage qu'il ne vous ait pas dirigé du côté de la raison et de la vérité : vous eussiez peut-être produit quelque bien ; mais votre direction est prise, et vous y tenez, et vous y mourrez.

Je vais vous faire une citation à mon tour qui vaut bien les vôtres, quoiqu'elle ne soit pas prise dans les livres, mais tout uniment parmi les bonnes femmes qui ont toujours dit : si jeunesse savait, et vieillesse pouvait, les choses en iraient bien mieux. C'est par cette réflexion sans doute qu'il eût fallu commencer la révolution, et la révolution n'aurait pas eu lieu, comme vous le dites vous-même, après avoir limité le pouvoir et restreint la liberté ; ce sont de superbes phrases qui ne peuvent avoir leur

effet. Et, avec tous ces beaux raisonnemens, messieurs les docteurs,

Vous nous ramenerez au tems de barbarie :
Un peu moins de science, et plus de bonhomie.

Avant de vous quitter il faut que je vous confonde et vous pousse un argument auquel vous n'aurez rien à répondre, sinon que j'ai raison.

Vous qui êtes un militaire, comment pouvez-vous dire sérieusement aux gens de bien : qu'avez-vous fait pour le sauver !

Qu'avons-nous fait pour le sauver ! Quel était le but de l'émigration qui s'est faite à-peu-près généralement à la suite de la première qui n'était effectivement composée que de gens qui voulaient se soustraire au couteau de la révolution, comme les parlementaires et les gens en place ? Mais la dernière s'est formée de combattans qui, pour avoir un point stable de ralliement, étaient allés le chercher chez l'étranger dont on pouvait encore tirer quelques secours en homme, et cela pour y former une armée assez forte, que l'on pût avec succès opposer au peuple que l'on avait armé et joint aux troupes anciennes qui avaient été corrompues et abusées.

Pouvait-on la former en France, cette armée?
Citez-moi de quelle manière et en quel lieu on
pouvait la former, et comment, sans armée,
on aurait pu arrêter le torrent qui n'est devenu
tel que par la trop grande bonté du roi, et
peut-être un peu de faiblesse, pour laquelle,
à défaut de délit, on l'a fait mourir; atrocité
inouie! Il aurait dû sévir au début, et il l'aurait
encore arrêté un peu plus tard s'il avait fait
trancher la tête à trois ou quatre personnages
marquans, conducteurs de cette insurrection.

Et ne savez-vous pas bien, vous qui êtes
militaire, que c'est cette organisation qui donne
la force, et que cette organisation ne pouvait
se faire en France? Ne savez-vous pas bien que
vingt mille hommes organisés vont en culbuter
cent mille en insurrection, et même plus
tant qu'ils ne se sont pas formés en troupe
réglée? Nous avons appris à nos dépens qu'il
ne faut jamais donner le tems à une émeute
de se fortifier; car, quand on ne s'y oppose
pas au début, elle devient alors un orage qui
renverse tout et que rien n'arrête; et c'est là
la seule faute qu'on ait à reprocher à notre
malheureux roi, de ne l'avoir pas arrêtée au
début par un peu de sévérité. Elles commencent
ordinairement avec quelques centaines d'extra-
vagans qu'un rien disperse, et s'augmente jour-

nellement au point d'en avoir des millions au bout de quelques mois de persévérance, parce que naturellement le peuple se joint toujours au côté le plus nombreux.

Nierez-vous maintenant, d'après cette exposé, la nécessité de l'émigration pour pouvoir servir la cause des Bourbons, qui est la cause légitime? Etait-il possible de s'établir en France quelque part pour former cette organisation? Que me répondrez-vous à cela? Je vous défie d'y répondre avec toute votre réthorique, parce qu'il me faut des raisons plausibles, et non vos périphrases et vos sophismes, auxquels vous avez eu recours, étant bien persuadé, comme militaire, que cela ne pouvait pas se faire autrement; mais il vous fallait ces périphrases et ces sophismes pour pouvoir commencer votre brochure par quelque chose, à qui vous avez voulu donner une apparence de vérité; vous avez beau donner des tournures adroites à vos faussetés, elles s'aperçoivent aisément et vous condamnent.

Mais, qu'ont imaginé les scélérats contre cette émigration qui les privait d'une grande partie de leurs victimes, et qui voulaient détruire tout ce qui prenait le parti des Bourbons? qu'ont-ils fait? Ils se sont imaginé de confisquer leurs biens et de les vendre au profit de la nation, ou plutôt, de qui il appartiendra, ne pouvant les atteindre pour les assommer ; et pour pouvoir les vendre, ils les ont donnés, puisqu'il y a des acquéreurs qui ont acheté leur terre avec les fumiers qui étaient dans les cours ; enfin, ils sont venus à bout de les ruiner, pour les punir de leur fidélité à leur souverain.

Et vous ne voulez pas même, vous qui les avez opprimés, et qui devriez être jaloux de réparer vos torts, qu'on s'occupe du sort de ces infortunés, dans un moment où l'on a ratifié toutes les ventes possibles ; vous ne voulez pas qu'on cherche un moyen de les dédommager, qui ne pèse sur personne : on invite, on demande des secours pour des gens dépouillés injustement, et c'est le seul souvenir que l'on conserve de la révolution, qui est de faire du bien à des malheureux.

On ne vous parle pas de rendre ce que vous avez acheté ; on vous demande un petit sacrifice tel que vous voudrez bien le faire. On avait imaginé un mode pour rendre la chose plus légale, et que personne ne fût lézé par son acte de bienfaisance. Vous criez contre le mode, et ne donnez aucun moyen de remédier au mal de vos concitoyens. Faites donc un sacrifice à votre volonté, et annoncez tranquillement votre offrande, sans murmure et sans réflexions outrageantes ou humiliantes , et le roi se charge de pourvoir au surplus sur le revenu que vous lui assignez. De quoi avez-vous donc à vous plaindre.

Fallait-il, sans raison, mettre en avant le rétablissement des dîmes , des droits féodaux, qui sont une épouvantail pour le peuple , et qui l'irrite contre une restauration que vous deviez accueillir et cherir? Ne sont-ce pas des faussetés employées malicieusement , et qui devraient être anéanties pour jamais?

S'il s'est trouvé dans le royaume quelques fous parmi les curés, s'il s'en est trouvé parmi les dépouillés, qui aient réclamé à force ouverte ou avec des menaces ce qu'ils avaient perdu , ou plutôt ce qu'on leur avait pris , pouviez-vous arguer delà qu'on voulait faire rendre les biens nationaux et tout ce qui avait été vendu ? Est-ce du consentement du monarque qu'on a agi ? est-ce par son ordre ? sont-ce les émigrés en masse qui ont fait de pareilles tentatives ? non ; c'est un brandon de discorde que vous avez voulu joindre à tant d'autres , pour monter les têtes , parce que vous saviez ce qui devait arriver; vous prépariez la route à Buonaparte. On n'est plus la dupe , ni de vos écrits , ni de toutes vos clameurs , ni de tout vos détours pour exciter le trouble et main-

tenir la désunion : ce n'est que dans la confu-
sion, que vous trouvez des moyens pour arriver
à vos fins perfides : tout le monde connaît vos
impostures et tout ce que vous savez faire,
et tout ce que vous avez envie de faire : vous
n'y réussirez pas. Cessez donc d'imprimer des
faussetés et des sottises, et vivons en paix sous
un règne paternel que nous sommes trop heureux de recouvrer pour la seconde fois.

Enfin, que voulez-vous? que cherchez-vous,
finalement? Un meilleur gouvernement? Vous
n'ignorez cependant pas que le mieux est l'ennemi du bien ; c'est un proverbe qui a paru
presque avec le monde, et il est très vrai ; il
a dû exister de tout tems, et tout aussitôt qu'on
a voulu courir après le mieux qui a toujours
trompé les ambitieux.

Le mieux est vraiement la déchéance du
bien qui s'évanouit par le mieux, et ne laisse
rien que des regrets de s'être trompé ; car le
mieux ne se trouve pas deux fois, en cent fois
qu'on le cherche.

Le mieux que vous cherchez est un pouvoir
limité et une liberté restreinte, et c'est précisément ce *maximum* prétendu de la prospérité
nationale, qu'il est impossible de rencontrer :
le pouvoir ne sera jamais assez limité pour les
uns, et la liberté jamais assez restreinte pour

les autres ; c'est cet équilibre qui échappe à tous ceux qui le recherchent, que vous ne trouverez jamais.

Vous croyez parler à une assemblée de créanciers qui proposent et promettent , ainsi que le débiteur, de faire des sacrifice de part et d'autres , pour arriver au point de dédommagement pour les uns et de soulagamént pour les autres. Vous êtes le magistrat qui veut arranger leurs affaires , et qui ne peut satisfaire ni les uns ni les autres.

A mon gré, je ne crois pas qu'il y ait de situation plus difficile que celle d'un arbitre ; il faut un furieux appas pour engager à jouer ce rôle : il ne faut rien moins que les sommes que tire cet arbitre des personnes intéressées , qu'ils renvoyent toujours mécontentes pour le lui faire accepter. Voilà votre position.

Et certes, ce n'est pas que vous ayez envie d'arranger tous vos cliens , dont le nombre est effrayant, puisqu'on ne les compte que par millions opposés , selon vous , à un seul débiteur, qui n'a jamais consenti à obéir à votre tribunal.

Quel est donc votre appas ? le voici , et vous ne pouvez en avoir d'autre : c'est pour écrire et se former une réputation d'écrivain célèbre , ensuite de s'ingérer dans les affaires de gouvernement , et parvenir à gouverner vous-même en partie, ce que vous avez déja obtenu (malheureusement pour les gouvernés), si vous ne pouvez parvenir à gouverner seul. Voilà votre appas et le but auquel vous tendez, et auquel vous n'arriverez pas, je l'espère.

C'est à l'ombre et à l'aide de ces beaux tableaux que vous fabriquez sur cette liberté qui n'a jamais existé que dans les pays sauvages et barbares, qui ne connaissent point de lois, et où se commettent toute espèce de brigandages comme dans notre révolution, que vous formez vos prétentions folles et extravagantes de bonheur et de gouvernement, qui marche tout seul à la satisfaction de tous les individus, selon vous.

Qu'appelle-t-on un pays policé ? c'est un pays où les volontés sont libres et ne sont restreintes que lorsqu'elles troublent l'ordre social ; autrement, elles sont parfaitement libres, mais soumises au pouvoir des magistrats ou des préposés établis *ad hoc* par les lois, par le souverain, par ceux qui tiennent ce pouvoir de lui pour le bon ordre, qui ne peut exister sans cette hiérarchie de pouvoir, qui est surveillée par les sujets prépondérans, dont les ancêtres ont mérités les titres dont ils jouissent, et que vous donnez encore actuellement à la bravoure, aux actions d'éclat, soit civiles, soit militaires ; ce qui , par conséquent, perpétue ces dignités contre lesquelles vous réclamiez , parce que vous n'êtes pas né dans cette classe. Vous aurez beau les appeller absurdes et ridicules priviléges , elles n'en existeront pas moins , de quelque manèire qu'on s'y prenne, soit nouvelle, soit ancienne ; si vous tuez l'ancienne , la nouvelle subsistera toujours et encore avec plus d'arrogance ; et éprouvera dans les siècles futurs le même sort , si les hommes continuent à se propager dans la perversité actuelle (4).

Quant à vous , sans doute , vous ne réclamerez plus contre ces titres , maintenant que Buonaparte vous a fait un masque de celui de comte qui va vous embellir, mais ne vous rendra pas plus sage.

Ce ne sont pas les anciens nobles qui sont dominans et impérieux , ce sont les nouveaux , qui ressemblent aux jeunes gens qui entrent au service de quelque corps privilégié , et croient déja être maréchaux de France ; ils ont un air, une morgue , une tournure à dire comme le baron de la Crasse (place , que je passe) ; mais ce sont vraiment des hochets pour la jeuness , dont on retient la fougue et l'étourderie par la police qui règne ou doit régner dans ces corps. Toutes ces petites folies ne doivent compter pour rien dans la société ; c'en est.

au contraire le ridicule au lieu d'en faire partie,
comme les nobles qui se targuent de leur noblesse du jour ou de la veille, sont de pauvres
gens, des imbécilles qui ne sont bons à rien,
et ne sont nullement estimés; et c'est là l'espèce qui jouit à sa manière des honneurs sans
jouir de l'honneur. Quel mal cela fait-il à la
société? les lois en marchent-elles moins? n'y
sont-ils pas sujets comme les autres? Tous ces
ridicules n'apportent aucun obstacle à la marche
de 'éta t social.

Ceux, au contraire, qui jouissent de l'honneur, des honneurs et de quelque considération, sont ceux qui ne l'exigent pas cette
considération, qui l'ont sans la demander,
qui ne mettent jamais leurs titres en avant,
qui se conduisent dans la société comme ils le
doivent, qui n'exigent aucune prééminence. Ce
n'est pas à eux à s'apercevoir qu'ils sont nobles,
si ce n'est pour faire quelque acte marquant de
grandeur, soit de générosité, soit de bravoure,
soit d'humanité; et ils sont tenus plus que les
autres à tous ces actes, comme les moines
étaient tenus à une vie plus régulière que le
reste de la société.

Toutes ces dignités sont un bien, au lieu
d'être un sujet de réprobation; elles doivent
être un frein à toutes sortes de déréglemens,

et au contraire , doivent être une règle de conduite édifiante. D'ailleurs puisqu'il faut toujours en avoir , soit de l'ancienne , soit de la nouvelle, à quoi servent toutes ces diatribes contre cette partie de l'état social , formant une espèce à laquelle on porte envie? C'est encore un point d'émulation pour parvenir à les acquérir ces titres ; ce doit nécessairement être un germe d'honnêtes gens. Vous citez ces titres d'un côté comme des hochets , et de l'autre , comme un épouvantail qui offusque le reste de la société ; c'est parce que ceux qui n'en ont pas les desirent sans les avoir mérités : et voilà l'abus ; et c'est l'abus que vous citez au lieu de citer le fait.

En un mot , le mieux est l'ennemi du bien , et nous l'éprouvons tous les jours ; nos yeux et notre imagination sont naturellement trop restreints pour voir dans l'avenir le résultat de tel ou tel moyen employé pour produire tel ou tel effet qui ne doit avoir lieu que dans plusieurs années ou plusieurs mois ou même plusieurs jours : quelque court que soit l'intervalle , on se trouve presque toujours trompé.

Le coin du monde que nous habitons s'est bien gouverné jusqu'à la révolution ; il a existé des abus qu'on a redressés , et qui ont servi de guides pour l'avenir : on en a profité pour s'en préserver ; mais les prévoir est au-dessus de nos forces et de notre intelligence ; c'est un fantôme qui nous conduit dans des précipices d'erreurs et de désordres. On a réprimé les turbulens à mesure qu'ils ont paru : et lorsqu'on a négligé de le faire, on a éprouvé des secousses destructives. Si l'on eût réprimé les Voltaire, les Raynal, etc., qui écrivaient contre la religion, contre les autorités, contre les chefs des gouvernemens, et même contre l'état social, nous n'eussions jamais connu le désordre dont nous avons été victimes. Quand on est bien, on doit s'y tenir, autrement on court après le mieux qui nous échappe, et ne nous laisse qu'un vide qui se comble par toutes sortes de vicissitudes.

N'avons-nous pas vécu tranquillement et heureusement sous le règne d'Henri IV, que l'on cite journellement, de Louis XIII, Louis XIV, Louis XV et même Louis XVI, à qui l'on n'avait rien à reprocher, que sa trop grande bonté qui l'a mené à l'échafaud ? Il a peut-être cédé à quelques funestes insinuations, ou eu recours à quelques malheureuses intrigues pour se tirer d'affaires. Un personnage quelconque persécuté, peut bien chercher à se soustraire à la persécution et user de tous les moyens qui se présentent. Si avec plus de fermeté et de nerf, au contraire, il eût fait périr les turbulens, nous

n'en serions pas au point de désordre où nous
nous trouvons depuis vingt-cinq ans. Ainsi, qu'à
présent, si on ne les punit pas, si on ne les met
au moins dans l'impossibilité de nous nuire,
toutes les calamités ne feront que se perpétuer,
et nous anéantiront.

Qu'a produit jusqu'à présent la chambre des
représentans, qui a l'air de n'être placée là que
pour contrecarrer le souverain et le maîtriser ?
Elle ne maîtrisera pas Buonaparte, où il sera
bien malade. S'il n'avait pas à ce moment une
besogne qui exige sa présence, et que le dan-
ger ne fût pas si près de sa personne, vous
ne réussiriez pas sûrement à le maîtriser ; et
c'est effectivement l'inverse de la nature : les
brebis ne sauraient mener le berger, c'est contre
l'ordre naturel, et l'on peut encore citer à ce
sujet un proverbe respectable par son ancien-
neté (chacun son métier, les moutons en seront mieux gardés). C'est le *maximum* de la
prospérité nationale, et toutes vos recherches,
le *maximum* de la perversité nationale.

Quels biens ont produits toutes les différentes
assemblées qui ont eu lieu depuis le commen-
cement de notre révolution ? Elles n'ont produit que des cruautés et des horreurs, en un
mot, de la tyrannie ; elles ont même atteint
et fait périr le souverain.

Elles n'ont produit avec toutes ces calamités, que des verbiages de tout genre, desquels, passés à l'alambic, on n'a pas tiré une once de restauration pour cette nation jadis si florissante et si recherchée partout.

Vous prétendez que lorque *l'on compare la puissance d'un roi sur son peuple à celle d'un père sur sa famille, c'est une heureuse illusion qui est bien loi de la vérité; on dit ce qui devrait être; mais non pas ce qui peut être, et encore moins ce qui est.....*

Cela est vrai, mais dans un sens tout-à-fait contraire à votre manière de voir et de comparer, qui n'est point la vérité.

Un père est maître dans sa maison et dans sa famille; personne ne lui prescrit l'autorité dont il doit jouir; il y est despote sans être tyran, et punit ceux de ses enfans qui le contredisent, soit en actions, soit en paroles; il les punit de cent manières différentes et comme il le juge à propos, sans qu'aucun de ses enfans s'avise de lui dire : vous n'avez pas le droit de me punir pour une bagatelle, vous n'avez pas le droit de trouver à redire à ma manière de me conduire, vous n'avez pas le droit de me frapper, vous n'avez pas le droit de me faire enfermer; qui est sa dernière ressource quand il n'a pu en venir à bout autrement, et le *maximum* de ses droits de punition ; ils ne lui disent pas, attendez avant d'agir, que nous vous prescrivions les moyens dont vous pouvez user à notre égard. Un père n'est point du tout accoutumé à ces phrases qui révoltent ; et ses enfans ne s'avisent pas entre eux de former une chambre de représentans de leur volonté, dans laquelle on bavarde à dire d'experts. Entendez un Dumolard, dont le nom rime parfaitement à bavard, et il en use à son aise ; car c'est toujours son tour, et cela pour ne rien dire, comme il a toujours fait dans toutes les assemblées précédentes, et pour ne dire rien qui vaille la peine d'être écouté. Que deviendrait un père qui aurait un Dumolard dans sa famille. Il finirait, après lui avoir donné plusieurs fois du pied dans le derrière, par le chasser de sa maison, s'il n'avait pu le faire enfermer. Le gouvernement doit agir comme un père, et punir ses contrevenans à l'ordre.

Mais vous dites, au contraire, qu'un père a des sentimens qui sont l'ouvrage inimitable de la nature, et ne peuvent appartenir à un souverain qui n'est que souverain. La belle phrase ! Ne vous mirez-vous pas dans vos superbes expressions ! Sans celle-là, je ne sais comment vous vous seriez tiré de ce paradoxe. Targuez-vous de la tournure avec votre ouvrage inimitable de la nature; vous faites d'un père une bête ou un imbécille : que prétendez-vous faire du souverain qui n'est que souverain ?

Vous raisonnez comme Buonaparte fait la guerre, en extravagant qui veut toujours arriver au point qu'il a seul devant les yeux, et qui l'éblouit, soit par des chemins peu pratiqués, soit par des détours mal-adroits; et pour appuyer votre sens et votre manière de voir, ou plutôt de dire (car vous n'en croyez rien), vous ajoutez : *un père n'est point vindicatif, il pardonne souvent après avoir menacé.* Oui, il pardonne; mais ce sont ceux qui se repentent, qu'il pardonne, quand il est bien sûr du repentir; mais non pas ceux qui persistent dans leur faute. *Il ne punit jamais après avoir promis d'oublier.* Non, mais ce sont toujours ceux qui se repentent, et du repentir duquel il est sûr ; et encore ne peut-il oublier, c'est-à-dire, qu'il n'en reparle pas ; car, pour oublier les fautes graves, cela ne se peut pas. Certainement il n'est pas si mal-adroit que de se livrer à la merci de la conscience de son fils, s'il a voulu l'assassiner ou s'il a fait périr sa mère ; il ne lui en dit mot, il ne le lui reproche jamais parce qu'il craint de rappeler une horreur qui le ferait frémir ; mais il se tient sur ses gardes, et ne s'expose point une seconde fois aux effets de son infâme caractère.

Vous voyez que vos belles phrases en apparence, et vos raisonnemens développés ne sont plus que des verbiages dictés par la mauvaise foi, contournés pour arriver à votre but, mais qui ne peuvent séduire ceux qui se donnent la peine de les examiner.

Et d'après cette même comparaison d'un souverain à un père de famille, comparaison qui ne cloche point, je soutiens contre tous raisonneurs que l'autorité d'un souverain ne doit point être restreinte par son peuple, mais par ses sentimens d'honnêteté et de probité qu'on doit lui inspirer dans sa jeunesse; c'est là l'instant de le former pour régner, et non de le flagorner et de lui parler de sa puissance; il faut au contraire bien lui persuader qu'elle n'est vraiment une puissance que lorsqu'elle est raisonnable, et ne lui mettre sous les yeux que les choses qui peuvent lui inspirer les sentimens élevés que doit avoir un monarque, n'employer que la pure raison dans tous les préceptes qu'on lui enseigne, lui inspirer de bonne heure et lui mettre dans le cœur les qualités qu'il faut pour régner en bon père et en digne souverain; après lui avoir fait lire l'histoire de Louis XVI, lui répéter souvent qu'un souverain a ses devoirs aussi à remplir envers ses sujets comme ses sujets en ont envers lui, mais que les siens sont encore plus obligés parce qu'il est seul à les remplir ; c'est alors qu'il faut les lui prescrire, et tandis qu'il est jeune, et non sur le trône : c'est un manque de respect qui tend à toute espèce de bouleversement.

Il y a des chefs qui croient avoir tout fait quand ils ont appelé leur subordonnés mes enfans : ce n'est pas assez, il faut leur en donner des preuves, et que ce soient eux qui vous appellent leur père avant que vous vous avisiez de les appeler vos enfans.

Vous anéantissez le respect qu'on doit avoir pour son souverain, et compromettez sa dignité quand vous osez lui dicter des lois : il doit avoir appris étant jeune, et savoir qu'il doit se conformer aux lois de son royaume et n'y point déroger.

Quand il compromettra lui-même sa dignité comme a fait Buonaparte ; alors usez-en comme ont fait les femmes de la Halle vis-à-vis de lui, en lui criant sous ses fenêtres : *père la Violette, montre toi donc ! où est donc la mère la Violette ? montre-nous-la donc ! tu nous avais promis qu'elle arriverait sous peu.* Enfin, à force de crier père la Violette, elles l'ont forcé de se montrer par un trou, comme un hibou.

J'espère que la dignité, dans ce cas là, était mise de côté, et que le mépris avait pris place à la cérémonie. Il n'y a cependant qu'un pas du manque de respect au mépris.

Cessez donc vos disputes indécentes sur les moyens et les manières de gouverner. Il y a des siècles qu'on est heureux sous le gouvernement de cette famille qui n'a jamais abusé de son autorité ; et nous le serions encore sans la séquelle des prétendus philosophes. Rapportez-vous-en au cœur de Louis XVIII, et ne lui prescrivez plus de lois particulières pour le souverain, occupez-vous des lois du royaume, et ne touchez jamais aux prérogatives et aux droits du souverain.

Les parlemens n'ont-ils pas voulu faire des remontrances à Louis XV, d'après les écrits des Voltaire, etc., et commencer la besogne dont vous vous occupez mal-à-propos ; ils en ont reconnu l'extravagance et s'en sont désistés. On a toujours le tems de s'opposer aux persécutions d'un despote outré ou d'un tyran.

Quand le royaume se trouvera entre les mains d'un tyran, que le peuple se lève tout-à-coup, qu'il fasse tout ce qu'il a fait dans la révolution sans raison, qu'il fasse tout ce qu'il fait encore à présent sans raison, cela sera dans l'ordre ; mais vis-à-vis un souverain qui n'a

d'autres passions que le bonheur de son peuple,
c'est une fanfaronade qui devient une injure
pour le souverain ; une mortification qui lui
ulcère le cœur , ce cœur qui est tout entier à
son peuple ; car toutes ses affections se portent
là , il ne peut les partager entre sa femme , ses
enfans et son peuple, puisqu'il n'a ni femme
ni enfans ; elles sont toutes pour ce dernier qui
seul l'intéresse.

Abandonnons ces limites et ces bornes que
vous voulez placer entre le souverain et le
peuple ; confondons nos cœurs avec le sien, et
que rien ne nous sépare. Tous ces raisonnemens sont des pommes de discorde jetées dans
la société , comme je l'ai déja dit , par les
Rousseau , les Voltaire, etc. , et les prétendus
philosophes qui ont voulu les imiter. Jouis-
sons en paix du bonheur qu'il nous prépare,
mais qu'il ne peut opérer de suite, vu les dila-
pidations énormes qu'à faites celui qui a troublé la paix et la bonne intelligence des Français.

*Le droit de succession est compté pour peu
de choses parmi les peuples belliqueux, dites-
vous ; ce n'est point une théorie, c'est un fait.*
Appuyez , mon cher docteur ; votre fait est encore une illusion ; toutes vos citations ne sont
que des évènemens qui ne sont point des règles ;
ce sont des évènemens, comme notre révolu-

tion , comme l'évènement du règne de Buonaparte , comme celui de Cromwel , etc. Mais ce
ne sont point des lois , des règles établies sur la
nécessité d'être gouverné par un maître qui
tient ses titres et son héritage d'une succession
de neuf cents ans de règne sans interruption ,
que celle des évènemens que l'on cite comme
tels. Le vrai fait est que les peuples , belliqueux
ou non , ont toujours eu un seul chef, excepté
les républiques ; que ces peuples ne souffriraient
point qu'on fît passer leur héritage aux voisins ,
qu'ils eussent fait la guerre ou non. Le dernier
sujet du peuple sait bien disputer son droit de
succession , ainsi que tous les Français qui n'ont
jamais connu d'autres lois.

Pourquoi donc le chef de la nation , qui
tient son héritage depuis neuf cents ans dans
sa famille , serait-il le seul qui ne pût jouir
d'un droit établi il y a des siècles ?

Le royaume lui appartient , comme le do-
maine du dernier paysan appartient après sa
mort à son fils ou à ses enfans : la seule dif-
férence est que faute d'enfans mâles, ce royaume
passe au plus près parent mâle du souverain
mort, parce que le royaume ne peut tomber en
quenouille. Il serait bien étonnant que celui
qui protège conjointement avec les lois , et qui
fait jouir tous ses sujets des droits établis de

tems immémorial, dont ils sont susceptibles, fût le seul qui ne pût jouir d'un droit incontestable et sanctioné par une suite infinie de successions dans sa famille; et cela, parce que cela gêne M. Carnot, qui aurait voulu être nommé pair ; ce serait bien mettre un serpent dans son sein : il me semble qu'il devrait se trouver content d'exister.

Toutes vos citations sur les évènemens qui ont privé un aîné de l'héritage des biens de ses ancêtres, ne prouvent rien contre la loi reçue, et religieusement observée depuis des siècles, que le fils aîné en France succéde, à l'instant de la mort de son père, à la couronne : l'usage même le sanctionne ; car à l'instant où l'on crie : *le roi et mort!* un second avertissement s'élève de suite de *vive le roi!* Il est tellement apte à succéder, qu'il succède sans autres formalités ; la loi l'autorise, et les magistrats n'ont rien à voir dans cette opération, comme au contraire, il sont appelés dans toute celles du royaume.

Les évènemens que vous citez ne sont que des accidens qui sont rares, et qui peuvent être forcés ; mais jamais la primogéniture ne peut l'être. Depuis le 3 juillet 983, elle a toujours eu lieu. Cette sanction me paraît assez longue et assez ancienne pour être solide et incontestable, en un mot pour faire une loi immuable. Il n'y a donc que le cas, où l'aîné des enfans mâles serait reconnu imbécille ou seulement l'esprit aliéné, et encore je ne sais si l'on oserait s'arroger le droit de le déposséder; la couronne passerait alors au suivant, sain de corps et d'esprit. Pour cela, on aurait recours aux lois du royaume, qui se prononceraient en faveur de celui qui serait en état de régner, toujours suivant la primogéniture; mais jamais elles ne se prononceront par fantaisie, et ne donneront le royaume à un premier venu. Ainsi tirez ce chapitre de vos prétentions qui sont toutes à-peu-près aussi valides les unes que les autres.

Nous sommes trop heureux de tomber sous le règne de Louis XVIII, à ce moment, pour réparer le déficit qu'à produit Buonaparte dans nos finances et dans notre population, qui va éprouver une tranquillité dont elle a grand besoin.

Son économie et son esprit administratif, nourri de toutes les connaissances qu'il a acquises dans son exil, nous présagent un bonheur que nous avons bien acheté, et qui nous est bien dû; que nous ne trouverions peut-être pas entre les mains de tout autre.

Nous arrivons enfin au dénouement de tous

vos verbiages, et de toutes vos prétentions réellement ridicules et absurdes ; comme vous appellez les priviléges.

Que de mots, que de phrases bien tournées, mais fausses pour arriver au but, le but qui fait le sujet de tous les écrits qui ont paru depuis environ un an ! Toutes ces belles images, toutes ces belles expressions, tous vos sophismes ne tendent qu'à faire sanctionner la liberté de la presse. Vous avez imaginé que tous vos raisonnemens l'autoriseraient, et que pour parvenir à ce degré du *maximum* de la prospérité nationale qui est une rêverie, et une boule de savon dont on n'a pas le tems de jouir, elle échappe non-seulement au physique, mais au moral. Il fallait user de la liberté de la presse. L'imagination se perd dans tous les écueils de ce bonheur prétendu qui disparaît au moment où l'on croit le tenir, Vous avez cru établir la liberté de la presse par cet appas idéal ; quelque beau que vous nous le peigniez, quelque séduisant que vous veuilliez le faire paraître, il ne rachetera jamais les inconvéniens de la liberté de la presse ; c'est une monstruosité qui effraye. Il n'y a qu'un moment qu'on en jouit, et il y a deja plus de mensonges imprimés qu'il n'en a été produit verbalement depuis le règne de Buonaparte ; les journaux ne se privent sûrement pas de la liberté de mentir ; ce mensonge qui est détesté de tout le monde est devenu une monnaie courante, chacun en fait usage ; il est bien clair qu'on ne le déteste que chez les autres. C'est établir une guerre de paroles et de phrases entre les citoyens, cent fois plus dangereuse que la guerre civile à laquelle cette liberté tend.

C'est vraiment le tems de barbarie que vous voulez ramener, et je ne sais pourquoi ; car les belles expressions, les belles images, et les morceaux savans enfin, n'auront pas un grand crédit chez un peuple barbare. Vous ne jouirez plus, messieurs les savans, de vos belles productions. Vous parlez de la sainte inquisition qui est encore un fléau en Espagne ; vous nous y conduisez, et à toutes les atrocités des pays sauvages.

Quel est l'honnête homme qui sera à l'abri de la calomnie des gens qui ne se plaisent qu'au désordre et à l'anarchie ?

L'homme est naturellement méchant, et vous voulez fournir un aliment à sa méchanceté ; tous les événemens de la révolution n'ont pu le rendre meilleur, et il semble que tous ceux du moment présent tendent à le rendre encore plus scélérat. Quels progrès nous avons faits dans ce genre ! Il n'y a plus rien de respecté ;

tout est confondu dans un même lot : la religion, les lois, les rois, les princes, les grands,
en un mot, sont tous des sujets propres à exercer le venin de la calomnie qui ose les attaquer
dans les temples, dans le sanctuaire des lois, sur
les marches du trône, sur le trône même et
sur tout ce qui l'entoure ; et l'on veut lui fournir les moyens de pénétrer encor plus hardi-
ment dans les temples, dans les palais, dans
les tribunaux et dans les chaumières indifférem-
ment.

Cette effronterie a été réprimée ou adoucie
dans les tems où le duel a pris naissance ; les
hommes sont devenus plus réservés et plus cir-
conspects, et ce changement s'est manifesté
plus particulièrement dans le militaire que dans
les autres classes, parce qu'ils étaient plus sujets
au duel ; on ne parlait jamais que de la poli-
tesse et de l'affabilité des militaires dans toutes
les sociétés où ils étaient très-recherchés ; on les
fuit et on les craint actuellement, parce qu'ils
ne sont plus que dépravés : Buonaparte a tout
démoralisé. Ce duel produisit un tel effet,
qu'en vain a-t-on cherché à le poursuivre et à le
punir même sévèrement, puisqu'on lui impo-
sait la peine de mort ; il n'en a pas moins
existé, et il existe encore, mais avec moins
d'ardeur et moins d'inconvéniens. Les nou-

vautés sont comme les modes, portées toujours au plus haut degré, jusqu'au ridicule. Le duel était un mal qui produisait un grand bien, puisqu'il polissait toutes les rudesses de la nature ; mais d'un autre côté, comme la guerre actuellement, il portait le deuil dans toutes les familles.

Ainsi que les modes passent et reviennent, s'évanouissent et reprennent comme sur un cercle dont elles font le tour, le duel qui a été tant poursuivi sans le détruire, s'est un peu dissippé naturellement, et nous n'en paraissons que plus rustes ; ce duel, dis-je, vous devra son renouvellement, et voilà le seul bien avec son inconvenient destructeur, que vous aurez opéré pour la société.

Votre liberté de la presse va le ramener, et avec lui les assassinats et les coupe-gorges ; car certainement si les honnêtes gens sont obligés de réprimer les calomniateurs à coups d'épée, la classe des militaires qui sont rarement écrivains, se servira du duel pour répondre aux calomnies, et les autres classes qui ne s'amusent point à jouer de l'épée, quoiqu'elles soient peu nombreuses, à présent que tout le monde à tâté de l'état militaire, auront recours aux coups de bâton, et par suite à l'assassinat : voilà la position où nous conduit la liberté de la presse; c'est une espèce de duel à l'usage des philosophes prétendus, et des demi-savans qui craignent de mourir, et qui voudraient tous tenir le haut bout dans le gouvernement : il y a longtems qu'ils y travaillent; et la révolution est l'ouvrage dont ils peuvent s'applaudir ; et s'ils l'ont traversée sains et saufs, c'est qu'ils se sont tenus cachés et tranquilles dans leur coin , ne parlant ni n'écrivant, car ceux qui ont paru se sont égorgés mutuellement entre eux et successivement.

Je ne crois pas qu'il y ait de sectes plus abominables que cette foule d'écrivailleurs, qui écrivent pour ne rien produire que le mal , et ils s'augmentent tous les jours ; et ce goût-là se gagne considérablement , et par différens mo-tifs : les uns , comme vous , pour mettre au grand jour et relever sous des couleurs spé-cieuses le désordre qu'ils se proposent de pro-duire ; les autres , pour faire parler d'eux : chacun a son motif comme j'ai eu le mien , en n'écoutant que le bon sens et la raison.

Toutes vos impostures m'ont révolté ; et ne vous connaissant pas, j'ai voulu comme un autre profiter de la liberté de la presse pour y ré-pondre, les réfuter et venger ces infortunés que vous osez attaquer.

Il sera aisé de distinguer à mon style, que je ne suis ni auteur, ni philosophe, ni écrivain, mais un sujet tranquille, amant de la vérité, aimant son roi et les lois répressives, mais non arbitraires, ni les intrus ni les écrivains ; c'est la première fois que je m'en avise : j'en ai le poignet las. Vous m'avez tellement indigné que j'ai répondu *currente calamo*. Voilà ma profession de foi.

Les honneurs et l'argent qui ne sont point l'honneur,
Sans équivoque ont fait beaucoup de prosélytes,
L'honneur n'a fait hélas ! que beaucoup d'hypocrites,
L'honneur est dans la bouche, et fort peu dans le cœur ;
On voudrait en jouir sans qualité requise,
Comme on aime les gens parlant avec franchise.
Chez autrui, le mensonge est toujours en horreur,
Chez soi, c'est une garde et souvent son sauveur.
Bon soir, mon cher Carnot, contemplez votre image ;
Avec un repentir vous deviendrez plus sage.
Vous voilà trait pour trait, conservez le tableau :
A l'aise mirez-vous, si vous vous trouvez beau.

Vivons heureux, sous le règne paternel du souverain, après lequel aspirent depuis longtems tous ses malheureux enfans.

Vive le roi ! vivent tous les Bourbons ! vive à jamais cette famille illustre et respectable, qui depuis vingt-cinq ans, respire le venin qu'a répandu cette race de galeux !

Damien, Clément et Ravaillac n'étaient pas si coupables que cette engeance maudîte.

Que cette crasse de l'espèce humaine soit rendue nulle, et que le soleil du bonheur vienne encore éclairer les bienfaits de Louis XVIII, et le reste de ses sujets affaissés par le malheur.

Rendons grâces aux illustres alliés qui nous apportent le bonheur. Les trois souverains nous avaient déja tirés des griffes de ce tigre enragé ; ils reviennent encore d'accord avec le brave duc de Wellington, nous rendre à nous-mêmes ; car nous étions hors de notre sphère : comblons de bénédictions et de remercîmens ces dignes et illustre personnages.

Mais n'oublions jamais l'habile pilote qui, dans le fort de la tourmente et au milieu des écueils, a si bien conduit au port la barque de nos destinées ! Honneur mille et mille fois honneur au célèbre et brave duc d'Otrante, qui est bien le digne et très-digne émule du duc de Raguse.

La bauté de tout tems a chéri la bravoure ;
Dans ce moment heureux que la plus belle accoure,
Et donne mille baisers à qui dira cent fois ,
Et sans se reposer : *Vive et vive le Roi !*

P. D. C. B. D. N.

NOTES.

(1) *Pag*. 14. Est-ce parce que votre assemblée qui formait ce tribunal était proclamée le souverain, que vous préten-dez ne devoir compte de votre jugement à personne ? Et la nation que vous avez ulcérée , qu'était-elle donc ? C'est à elle que vous en deviez compte. Vous l'aviez anéantie , la nation , par toutes vos horribles manœuvres ; c'est à la postérité que vous en devez compte ; c'est aux nations étrangères, qui toutes ont pris part à cette mort funeste, que vous deviez en rendre compte. Vous imaginez qu'un amas de brigands qui a subjugé le reste d'une na-tion est un tribunal irréprochable : il ne s'est constitué que pour le crime, et il l'a mis à l'ordre du jour, comme un ordre prévoyant et sage! quelle monstruosité !

(2) *Pag*. 20. J'ai connu une partie des projets de S. A. le prince de Condé; et quoique je ne sois point compris dans la classe des émigrés, j'ai eu l'honneur de le voir plusieurs fois, j'ai été prendre ses ordres ; et dans notre dernière entrevue, j'y ai trouvé M. le comte de Precy qui a fait ses preuves à Lyon, et Mgr. l'évêque d'Arras en présence des-quels il fut décidé que je retournerais dans les montagnes du Lyonnais-Forêt, et Baujolais et lieux circonvoisins ; que j'y entretiendrais les esprits dans les bonnes dispositions où ils étaient ; que j'en augmenterais le nombre, et que je n'agirais que d'après les ordres du prince, qu'il m'en-verrait par un exprès, se proposant de rentrer en France par le fort l'Écluse, dont je devais lui faciliter l'entrée;

et, certes, s'il eût pu exécuter ce plan, son armée, composée de vingt-cinq mille braves, aurait été grossie de tous les départemens du midi qui avaient tous été organisés, et l'auraient portée à plus de cent mille hommes, avec lesquels certainement il serait venu à bout de remettre le roi sur le trône.

(3) *Pag.* 29. Vous eussiez bien dû y rester dans ces catacombes, dont vous auriez sûrement troublé le silence tant que vous y auriez respiré.

C'est peut-être la seule occasion ou vous ayez imité les chrétiens qui s'y cachaient aussi à Rome, dans le tems des persécutions ; ils y enterraient leurs morts avec quelques signes qui décelaient la religion qu'il professaient : l'usage était d'en tirer quelquefois des corps que l'on croyait reconnaître pour ceux de quelques martyrs ; et le pape, après leur avait donné un nom, les envoyait soit à des évêques, soit à quelqu'autres chrétiens qu'il voulait favoriser, comme présent qu'il leur faisait de saintes reliques ; vous vous seriez peut être trouvé du nombre des martyrs prétendus de France ; car il doit y en avoir aussi en France, et le cardinal Maury qui devait être le distributeur des reliques, vous aurait dépêché à quelques prélats ou à quelques communautés de religieuses qui vous auraient baisé dévotement. Quel changement de caractère dans votre nature ! Voilà un des chapitres des abus qui fourmillent sur le globe ; car c'eût été un bien grand abus de prendre le corps de l'incrédule et impie Carnot pour un martyr, et en faire présent, en figure de reliques, pour opérer des miracles.

(4) On se sert toujours d'expressions outrées ou corruptrices du langage, quand on veut fasciner les yeux, comme celles *d'absurdes et ridicules priviléges*, en voulant citer les titres de noblesse.

Les brevets d'invention, qui sont modernes et ne datent pas de loin, mais qui sont une émanation de ces tems calamiteux, ne sont-ils pas des priviléges ? Ceux à qui ils peuvent nuire, les appeleront ridicules et absurdes priviléges : toutes les choses qui nous gênent, celles dont nous ne connaissons pas l'origine deviennent aussi d'absurbes et ridicules priviléges.

Ces ridicules priviléges ont été donnés dans l'ancien tems, comme vous les donnez actuellement, à ceux qui ont fait quelqu'action d'éclat, ou qui ont inventé des choses utiles à la société ; à cette époque, personne ne trouvait absurde cette récompense, au contraire, on y applaudissait. Pourquoi donc aujourd'hui abuse-t-on des expressions pour persuader de les détruire ? Ce qui vous déplaît, plaît à cent autres : faut-il que cent individus cèdent à la fantaisie d'un seul ? Il en est à-peu-près de même de tout ce que l'on blâme. Réformons les abus et non pas des vétilles qui n'entravent ni les lois ni la justice, ni le gouvernement.

Vous prétendez que la couronne n'était pas toujours déférée à l'aîne des enfans, mais à celui qui paraissait le plus propre à commander les armées. Vous rappelez le tems de la chevalerie ; c'est précisément ce tems qui a produit ces absurdes et ridicules priviléges : il faut au moins être conséquent, et ne pas blâmer d'un côté un établissement que vous préconisez de l'autre. Vous êtes presqu'aussi raisonnable que l'enfant qui veut manger de son perroquet chéri, et quand il est rôti, il veut qu'on le lui rendre en vie.

Il faut s'en tenir aux choses établies, et souffrir leurs abus prétendus au lieu d'en établir d'autres, qui nous en offrent de plus nombreux abus et fort peu d'avantages. Vous ne pouvez nier que peu-à-peu vous nous ramenez au tems barbare ; car la chevalerie est née de la barbarie, et la chevalerie est devenue un remède à la barbarie, et tous les établissemens subséquens ont été des remèdes aux abus de l'établissement précédent. Et, au moment où nous sommes arrivés, non pas au *maximum* de la félicité nationale, mais à ce mieux après lequel on court en le fuyant, vous voulez outrer toutes les mesures pour rompre le bonheur de la société, et nous rejeter dans l'anarchie, et nous faire rétrograder de neuf cents ans, pour abandonner les douceurs et le bien-être d'un gouvernement sage qui vient succéder au plus tumultueux de tous ceux qui ont paru, et nous a privés de la moitié de notre population. Et vous voulez encor faire détruire le peu qui nous reste de troupes, à qui vous persuadez qu'il faut qu'elles se battent pour leur gloire et pour leur pays, et qui vont s'enterrer sous les foudres, et le nombre énorme de combattant qui ne viennent que pour leur donner, à eux et à vous, la paix et la tranquillité, avec un Roi sage, aimant son peuple et voulant faire son bonheur. C'est une horreur à vous d'aller stimuler des gens qui ne peuvent que succomber. Vous voulez donc voler d'assassinats en assassinats : nous n'avons pas d'exemple de pareilles folies! Reconnaissez donc que c'en est une bien grande, puisqu'elle tend à nous priver encor de quelques milliers de braves.

POST-SCRIPTUM.

Ce qu'il y a de plus inconcevable dans notre position, c'est que tout ce mésentendu tient à deux ou trois cents foux au plus, qui, à force de se remuer, d'écrire et de parler en énergumènes, viennent à bout de troubler un royaume de 25 millions d'habitans, et d'y semer l'erreur la plus grossière.

Comment peut-on continuer cet engouement pour un homme qui a pu avoir quelques partisans dans un moment de troubles, où personne ne s'entendait, où plutôt on n'entendait que le cri de la malveillance, et que chacun cherchait à se raccrocher à une espèce de sauve-garde ? Je dis espèce, parce qu'il nous à tous séduits, se faisant reconnaître chef de la nation, et laissant apercevoir un acheminement à la restauration des Bourbons ; mais à la mort de S. A. le duc d'Enghien, chacun a dû être détrompé sur les intentions de ce scélérat. Et je ne puis concevoir comment, après cet évènement, on a pu persévérer dans cet anthousiasme pour ce monstre, au point de voir périr de sang-froid des milliers de Français qu'il appellait de la chair à canon. Il les sacrifiait et les jetait au travers du feu et des flammes comme des fagots, et nos espèces au vent comme du sable ! Quelle aveuglement obstiné, et quelle phrénésie d'avoir reçu une seconde fois cet homme dans un moment où nous étions heureux et contens avec la famille des Bourbons, et de s'être acharné à se battre avec toute l'Europe, uniquement pour ce tigre !

Actuellement que l'on voit sa chute bien déterminée, qu'on le voit se raccrocher de branche en branche pour ne pas tomber entièrement, soutenu encore par ces deux à trois cents insensés qui fascinent les yeux à la multitude, et qui ne trouvent d'avantages que dans le désordre, comment la partie saine des clair-voyans de cette assemblée a-t-elle pu souffrir qu'on égorge encore tant d'hommes pour ces galeux invétérés, qu'il faut faire passer au mercure ?

Si les Bourbons ne font pas établir un hôpital pour cette poignée de rénégats, ils se perdront une troisième fois ; c'est une gale qui se perpétue : c'est une explosion qui couve et éclate au moment le plus inattendu, et où la sécurité a l'air de régner.

Qu'ils maintiennent leur premier pardon, il leur fait honneur, et en même tems il leur a fait bien du mal.

Mais un second pardon à ceux qui ont fait cette dernière catastrophe, ne pas les faire passer au mercure, ou dans quelques piscines, paraît une faiblesse sans exemple. Rien n'enhardit le coupable comme l'impunité ! Ils n'ont tenté de réussir que parce qu'ils comptaient sur un nouveau pardon s'ils échouaient. Ecoutez la phrase de Carnot : *vous succombez, hommes qui vouliez être libres, et tous les crimes vous seront imputés.*

Ils n'ont pas craint de faire périr des millions de Français, il faut au moins en mettre deux à trois cents à l'hôpital de la Salpêtrière ou à Charenton, comme foux ou comme enragés : ils ont une gale que rien ne peut guérir, et la propagent à leurs voisins, aux enfans,

aux adolescens et aux aveugles, qui sont malheureusement en trop grand nombre.

Faites-les conduire à Bicêtre,; vous n'avez pas d'autres
moyens de régner paisiblement. N'écoutez pas leur langage ; ils vont s'en servir comme d'une pommade qui
efface toutes les traces de cette gale ; ils la feront disparaît un instant, mais jamais ils n'en guériront. Et pour
préserver Villejuif et les villages circonvoisins de leur
contagion, faites-leurs construire un sallon, entre quatre
murs de quatre-vingts pieds de haut, de crainte que l'air
empoisonné ne vienne propager une maladie aussi destructive.

FIN.

De l'Imprimerie de Mme. V^e. PERRONNEAU,
quai des Augustins, n°. 39.